AF562913

« ALLÔ! ALLÔ! »

COMÉDIE EN UN ACTE

Représentée pour la première fois, à Paris, sur le théâtre du VAUDEVILLE,
le mardi 11 mai 1886.

Il a été tiré de cet ouvrage dix exemplaires sur papier de Hollande numérotés à la presse : 1 à 10.

IMPRIMERIE GÉNÉRALE DE CHATILLON-SUR-SEINE — A. PICHAT.

« Allô! Allô! »

COMÉDIE EN UN ACTE

PAR

PIERRE VALDAGNE

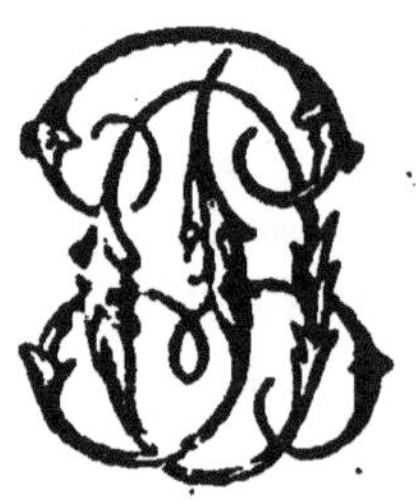

PARIS
PAUL OLLENDORFF, ÉDITEUR
28 *bis*, RUE DE RICHELIEU, 28 *bis*

1886

A

M. ALEXANDRE DUMAS FILS

HOMMAGE

D'ADMIRATION ET DE RECONNAISSANCE

PERSONNAGES

GONTRAN DESRIEUX, 45 ans.......	MM.	DIEUDONNÉ.
ROGER DE FRÉMICOURT, 32 ans...		MONTIGNY.
BLANCHE DE FRÉMICOURT, sa femme, 20 ans......................	Mlle	RÉJANE.

La scène est à Paris. — De nos jours.

Pour la mise en scène détaillée, s'adresser à M. BOISSELOT, régisseur général du théâtre du Vaudeville.

« ALLÔ! ALLÔ! »

Un fumoir élégant. — Cheminée au fond, surmontée d'une glace sans tain par laquelle on voit les arbres du parc Monceau. — A droite, au fond et sur un guéridon, un téléphone. — A gauche, dans le pan coupé, porte d'entrée. — Sur le devant de la scène, à droite, table avec livres et journaux, à gauche, canapé. — Chaises et poufs.

SCÈNE PREMIÈRE

GONTRAN, seul. Il est en toilette d'intérieur et tient une lettre à la main.

Voilà encore Blanche qui me prévient qu'elle ira samedi au bal donné par madame Darcelles et qui veut que je m'y trouve! (Il jette la lettre.) Décidément, elle devient trop exigeante. Je suis tout à fait accaparé. Soirée par ci, exposition par là... je ne m'appartiens plus... Je ne peux plus voir un seul de mes amis, lesquels se moquent de moi jusqu'au jour où ils m'oublieront. Je me trouve vraiment dans une dépendance qui n'est plus de mon âge...

Elle est charmante, Blanche! mais elle abuse... Aussi, pourquoi son mari n'est-il pas là? C'est ridicule! — Au bout de deux mois de mariage, il la trompe; Blanche le surprend et, dès lors, il n'ose plus paraître devant elle: il préfère l'abandonner et se sauver en Amérique, après me l'avoir confiée en me suppliant de veiller sur elle, de la protéger, sous prétexte que je suis son meilleur ami et que je ne suis plus un tout, tout jeune homme! Pauvre petite femme!.. Seulement elle en prend trop à son aise... Cela devient encombrant. Si elle n'était pas si jolie!... Enfin! résignons-nous, c'est que ce n'est pas toujours amusant ces bals! M'aime-t-elle assez, seulement, pour comprendre ces sacrifices-là? Quelquefois je me prends à en douter... depuis quelques jours, surtout, elle est fantasque, autoritaire, nerveuse... Ma foi, les femmes du monde, (Il fait un geste de mépris.) quoi qu'on dise!

FRANÇOIS, remettant une carte.

Monsieur, ce monsieur demande à vous voir..

GONTRAN, lisant.

« *Roger de Frémicourt* » Ah ça! quelle est cette plaisanterie? Qui t'a remis cette carte?

FRANÇOIS.

Le monsieur qui est là et qui attend.

GONTRAN.

Eh bien! elle est forte celle-là! Comment! Le voilà qui revient à Paris! Qu'est-ce qu'il vient faire, grand Dieu! Moi qui, à l'instant, pestais contre ce mari qui se sauve! Oui, mais c'est que je vais me trouver dans une situation très compromettante!... (A François.) Je ne reçois pas!... Attendez!... — Bah! il ne vient pas me redemander sa femme, je suppose... il n'oserait pas se présenter devant elle après ce qu'il a fait; du reste, il ne l'aime pas, il l'a assez trompée... Allons! (A François.) Faites entrer. (Seul.) Tâchons d'avoir une bonne contenance, au moins, c'est que je n'aime pas cela du tout, moi. Il va maintenant falloir prendre une quantité de précautions!... Je vais le renvoyer d'où il vient... ou je vais rompre. Décidément, je suis arrivé à un âge où toutes ces petites combinaisons fatiguent...

SCÈNE II

GONTRAN, ROGER, FRANÇOIS.

FRANÇOIS, annonçant.

Monsieur Roger de Frémicourt.

GONTRAN, à part.

Allons! de l'entrain, surtout! Pourvu que Blanche ne s'avise pas d'arriver tout d'un coup!... (A Roger.) Quoi! Roger, toi?

ROGER.

Oui, moi! Hein! tu ne t'attendais guère?...

GONTRAN.

Ma foi, je te croyais toujours en Amérique et...

ROGER.

Eh bien! tu vois, je suis revenu et, tout de suite, j'accours chez toi. J'ai risqué d'être indiscret, mais j'ai pensé que lorsque tu verrais ma carte...

GONTRAN.

Mais tu as bien fait; tu sais bien que pour toi, mon cher Roger, mon vieil ami... (Ils s'embrassent.) Mais que se passe-t-il? Comment es-tu ici? Et d'abord, assieds-toi. (Il va prendre un fauteuil, installe Paul et s'apprête à causer *.) Voyons, mon vieux! mon cher ami, comment vas-tu? Tu m'as l'air un peu ému... t'est-il arrivé un ennui, un malheur? tu sais que tu peux compter absolument sur moi.

ROGER.

Non, mon brave Gontran, non! Seulement, j'en avais assez. J'avais, dans ce nouveau monde ennuyeux comme la pluie, la vision perpétuelle et charmante de notre bon Paris! Que veux-tu? J'avais la nostalgie du boulevard.

GONTRAN.

Alors, tu t'ennuyais? Viveur! tu regrettais Paris, tes amis, ta bonne vie de garçon!

ROGER.

Hein! notre vie de garçons!

GONTRAN.

Ah! mon cher, quel temps! Libres, heureux! des femmes charmantes, faciles, pas bégueules!... Dis donc, veux-tu un cigare?

ROGER.

Je veux bien... Mais, en somme, tu me parles des femmes comme si tu étais marié! Te serais-tu marié sans rien dire?

GONTRAN.

Moi? Mais non, mais non, je t'assure.

ROGER, se lève.

Ah! ça, mais tu m'as l'air d'un homme marié... Te voilà avec un front soucieux; ton regard est in-

* Roger, Gontran.

quiet, tu as l'air gêné devant moi... Tu es marié, Gontran! malheureux, tu es marié!

GONTRAN.

Eh! non, encore une fois, non, je ne suis pas marié, tu nous ennuies. Je n'ai pas l'air si bête que cela!... Il est vrai qu'il s'en faut de peu et que...

ROGER.

Tu vas te marier! Ah! j'y suis... tu es fiancé! Tiens, tu vois l'effet que ça produit d'avance!

GONTRAN.

Je ne suis ni marié, ni fiancé, aucontraire. Quelquefois même, Dieu me pardonne! je ne songe qu'à reprendre la vie libre, heureuse, sans entraves...

ROGER.

Ah! je comprends! tu es l'amant d'une femme mariée!(Gontran se redresse vivement. Roger va lui serrer la main avec des signes d'une vive condoléance.) Dis donc, je la connais?

GONTRAN, embarrassé.

Non! non... tu ne la connais pas. Nouvelle recrue... colonie... suédoise.

ROGER.

Et le mari? un serin?

GONTRAN, avec conviction.

Un serin...

ROGER.

Comme toujours!

GONTRAN.

Tu l'as dit. Mais, en somme, tu me confesses, mon cher, et toi qui as l'air de tant plaindre les hommes mariés, je crois que le mariage ne t'a guère gêné, hein? Tu t'es envolé au bon moment, quand tu as vu que ta femme ne supporterait pas la vie de fête que tu voulais mener. Tu es un malin, un coquin, un infâme coquin!

ROGER.

Non, mon cher, mais j'ai été idiot!

GONTRAN.

Oui.

ROGER.

Hein?

GONTRAN, *fermement.*

Oui!

ROGER, *résigné.*

Soit!

GONTRAN.

On ne laisse pas sa femme ainsi.

ROGER.

Je l'avais trompée.

GONTRAN.

En voilà une raison!

ROGER.

Elle savait tout.

GONTRAN.

Après?

ROGER.

Elle ne me cachait pas son mépris.

GONTRAN.

Ensuite?

ROGER.

En la voyant si indignée, si méprisante, si malheureuse au fond, je n'ai pas pu continuer à imposer à cette pauvre enfant, la présence d'un être qu'elle haïssait... j'ai fui!

GONTRAN.

Oui, et tu as fait une belle vie, si je dois m'en rapporter à tes lettres! Tu es allé expérimenter l'éternel féminin sous toutes les latitudes. As-tu, au moins, découvert la perle tant souhaitée? As-tu trouvé, je ne dis pas mieux, mais seulement l'équivalent de nos Parisiennes, pimpantes, gaies, adorables philosophes d'amour?

ROGER.

Non, rien! Il n'y a que la France et dans la France Paris.... et pourtant!

GONTRAN.

Pourtant?

ROGER.

Pourtant, ce Paris que je viens de revoir et qui m'apparaît dans toute son auréole de fête, eh bien! il se peut que je sois obligé de le quitter dès ce soir.

GONTRAN.

Ce soir! Ah ça, quelle est cette plaisanterie? Non pas, non pas! Tu vas rester, au contraire... Je te débauche, je m'affranchis, je brise ma chaîne!

ROGER, il s'assied.

Hélas!

GONTRAN.

Quoi? Hélas? Tu pleures, à présent? Je ne te reconnais plus.

ROGER.

Mon pauvre ami, il est temps que je te le dise. Je ne suis pas revenu à Paris pour y faire la fête; j'y suis revenu triste, sérieux, ah! bien changé, crois-moi, avec un but qu'il me faut atteindre. Je suis venu ici tenter l'impossible, peut-être... et si je ne réussis pas, je repars dès ce soir, et je ne sais pas où j'irai traîner mon existence tout à fait désorientée!... Ah! Gontran, je ne suis pas heureux!

GONTRAN, *s'asseyant.*

Mais, mon ami, je n'y comprends rien.

ROGER, *avec élan.*

J'aime, Gontran, j'aime.

GONTRAN.

Tu aimes! tu aimes!... Qui? grand Dieu!

ROGER.

Gontran, j'aime ma femme! (*Gontran chancelle.*) Oui, je comprends combien je dois te surprendre; cela ne concorde guère avec ma conduite passée: et pourtant, je l'aime et je ne vis plus! Cette conduite, vois-tu, m'est apparue odieuse; l'abandon où je l'ai laissée, criminel! J'aurais dû implorer mon pardon, ne pas m'enfuir... elle m'aurait pardonné. Elle est si bonne! Ecoute, au milieu de ma vie errante, dans ces folies où je cherchais à me griser, je la voyais toujours avec son fin profil, ses yeux profonds, sa bouche rieuse. Car elle est si jolie, ma femme!

GONTRAN.

Oui!

ROGER.

Jolie et gracieuse ! Quelle taille, quel style de forme, si tu savais !

GONTRAN.

Je sais.

ROGER.

Et quel délicieux rêve, quand, bercé par mes souvenirs, je la revoyais toute tremblante dans mes bras... Ah ! mes autres amours me causaient un dégoût !...

Gontran s'est levé depuis quelque temps et se promène de long en large.

GONTRAN, *très nerveux, à Roger.*

Oui, mais tu continuais !

ROGER.

Que veux-tu? Je voulais m'étourdir, et puis, je m'ennuyais si loin, tout seul ! Alors, je suis revenu... et... Gontran, es-tu un véritable ami pour moi?

GONTRAN.

Pourquoi cette question?

ROGER.

Parce que j'ai à te demander un service suprême !

GONTRAN.

Un service? lequel?

ROGER.

Eh bien ! parle-lui.

Gontran se recule, frappé de stupeur.

GONTRAN.

Moi?

ROGER.

Oui, toi! Qui, mieux que toi, pourra lui dire mon repentir, mon amour? Moi, vois-tu, je n'ose pas, je ne me sens pas la force de l'aborder; je tremble avant de l'avoir vue. Je balbutierais, je pleurerais, je serais bête et ridicule... Mais toi, toi mon ami, mon meilleur ami, toi, qui me connais depuis l'enfance, qui sais que j'ai pu être léger, mais que je suis bon, au fond; toi qui es aussi un grand ami pour elle, qui l'as connue jeune fille, qui as promis de la soutenir, de la conseiller...

GONTRAN, sèchement.

Non, mon cher ami, non, je ne saurais rien dire du tout, et je refuse.

ROGER.

Tu refuses?

GONTRAN.

C'est impossible.

ROGER, se levant.

Oh! tu n'es pas mon ami!

GONTRAN, plus doucement.

Voyons, mon cher Roger, réfléchis... Vraiment tu perds la tête... Moi, moi, te réconcilier avec Blanche!

ROGER.

Mais pourquoi non! je sais bien que c'est délicat...

GONTRAN.

Délicat... certes oui!!

ROGER.

Toi seul, justement, es assez intime avec elle... Après ma faute, quand j'ai pris ce grand parti de fuir...

GONTRAN.

Bien bête, ton grand parti.

ROGER.

Je l'avoue... je t'ai confié, à toi seul, ma résolution de quitter Blanche.

GONTRAN.

Je t'ai blâmé! n'est-ce pas, je t'ai blâmé de toutes mes forces.

ROGER.

Oui, tu m'as blâmé, c'est vrai, et je ne t'ai pas écouté. Puis, te connaissant comme je te connaissais, je t'ai confié ma femme. Tiens... quand je pense à tout cela!...

Il va s'asseoir rageusement, à gauche.

GONTRAN, *à part.*

Oui, confié sa femme! comme moi, autrefois, au collège, je confiais ma cigarette à un camarade quand le pion m'appelait. Ah! il en avait soin, de la cigarette, il l'entretenait avec amour, et quand je revenais, elle était toute fumée, il n'en restait qu'un tout petit bout... Sa femme!... *(Regardant Roger qui paraît absorbé.)* Ce pauvre garçon, il me fait du mal. *(Haut.)* Voyons, Roger, voyons!

ROGER.

Eh bien! tu ne l'as pas abandonnée, dis? Tu l'as suivie, tu ne l'as pas perdue de vue?

GONTRAN.

Mais non, nous sommes les meilleurs amis du monde et c'est justement...

ROGER.

Ah ! oui, je comprends, oui, tu es contre moi, toi aussi, tu...

GONTRAN.

Mais non, mais non ; seulement, de ce que j'ai dû soutenir ta femme dans sa profonde douleur, la calmer dans ses colères contre toi...

ROGER.

Dis-moi la verité, Gontran, elle me hait, dis, elle me méprise, elle ne reviendra jamais ?

GONTRAN.

Eh ! je ne sais pas !

ROGER.

Oh ! ce serait terrible ! Lui parlais-tu de moi ?

GONTRAN.

Très souvent !

ROGER.

Tu ne lui disais pas trop de mal ?

GONTRAN.

Dame ! tu comprends que je ne savais pas que tu allais revenir comme cela, sans crier gare ! Mon Dieu ! j'ai essayé, au commencement ; j'ai cherché, à t'excuser, j'ai plaidé la folie, l'entraînement...

ROGER.

Que disait-elle ?

GONTRAN.

Précisément, je n'ai pas pu continuer ; elle ne voulait pas m'entendre ; tu admettras bien que ta femme était blessée profondément. Je perdais tout crédit en parlant pour toi, alors j'ai fait le contraire, je t'ai abimé,

ROGER.

Durement ?

GONTRAN.

Il le fallait.

ROGER, désespéré.

Alors, c'est fini ! !

GONTRAN, attendri.

Allons ! voyons !... ne te désole pas... Je verrai... peut-être... je tâcherai...

ROGER.

Oh ! que tu es bon ! mais quand ?

GONTRAN.

Eh bien !... tout à l'heure...

On sonne au téléphone.

ROGER, sautant.

Qu'est-ce que c'est que ça ?

GONTRAN.

C'est le téléphone. (A part.) Si c'était elle !

On resonne.

ROGER.

Dis donc, si c'était ma femme qui t'appelle ? Nous avions un téléphone à la maison, je m'en souviens...

GONTRAN.

Eh non ! pourquoi veux-tu que ta femme me parle au téléphone ?

ROGER.

C'est peut-être ta femme, à toi ?

GONTRAN.

Quelle femme? Je n'ai pas de femme!

ROGER.

Ta femme mariée...

GONTRAN.

Ah! oui, oui, c'est cela, ce doit être ma femme mariée. Hélas! ça ne peut être que ma femme mariée!

ROGER.

Tu sais, ne te gêne pas pour moi. Ce doit être amusant de faire la cour à une femme par le téléphone.

GONTRAN, *à part.*

Ça ne peut être que Blanche! Il n'entendra pas ce qu'elle va me dire, mais moi, pourvu que je ne sois pas obligé de lui faire des réponses compromettantes!. (*On resonne.*) Voilà! voilà! Quelle sale invention, en voilà un progrès! (*Au téléphone.*) Allô! allô!... oui c'est moi... (*A part.*) C'est elle! (*Au téléphone.*) Mais oui, à votre disposition, toujours... trop heureux! oui, oui, j'ai donné les ordres à François... (*Toujours au téléphone, mais avec véhémence.*) Ah! non, non! ne venez pas, c'est impossible... Oui, je vous avais dit que je vous attendrais, mais... (*A part.*) Au diable! (*Au téléphone.*) Mais un événement grave, imprévu... je vous mettrai au courant... je vous expliquerai...

ROGER.

Dis donc, Gontran, tu avais un rendez-vous, ce matin, hein, polisson?

GONTRAN, *au téléphone.*

Une femme chez moi! Ah! par exemple, en voilà une idée!!

ROGER.

Elle est jalouse n'est-ce pas? Voilà ce que c'est. Une femme mariée, une femme honnête, c'est toujours jaloux, c'est collant... . . . .

GONTRAN, au téléphone.

Je vous dis que vous expliquerai cela tout à l'heure. Maintenant, je ne puis rien vous dire... j'ai un ami chez moi... il est arrivé tout d'un coup. Il entend tout ce que je vous dis... oui, c'est un ami... Mais non! ce n'est pas une femme! je ne vous croyais pas si jalouse. Allons bon! mais c'est ridicule! (A Roger, d'un air ahuri.) Crois-tu qu'elle veut que tu viennes au téléphone pour être sûre que c'est bien un homme qui est ici.

ROGER, se levant.

J'y vais.

GONTRAN.

Non, non, de grâce!

ROGER.

Qu'est-ce que cela te fait?

GONTRAN, affolé, à part.

Mon Dieu! mais c'est que je n'ai pas de prétexte pour l'en empêcher!

ROGER.

Puisque tu m'as dit qu'elle ne me connaissait pas!

GONTRAN.

Mais elle peut te connaître un jour...

ROGER.

Laisse donc, laisse donc, ce sera très amusant.

GONTRAN, *repoussant Roger.*

C'est de la folie, c'est impossible !

ROGER.

Si tu lui disais que c'est son mari qui est ici ?

GONTRAN, *stupéfait.*

Son mari ! (*Réfléchissant.*) Tiens, oui... c'est une idée. (*Au téléphone.*) C'est votre mari qui est ici. Taisez-vous, malheureuse, ou tout est perdu !

ROGER, *riant de toutes ses forces.*

Oh ! non ! c'est trop drôle. Non ! c'est impayable ! !

GONTRAN, *au téléphone.*

Venez dans une heure... si vous voulez... je vais le renvoyer.

ROGER.

Dis donc, si je te gêne... tu sais...

GONTRAN, *s'épongeant le front ; il a quitté le téléphone.*

Oui, tu me gênes un peu... si tu t'en allais?...

ROGER.

Je vais m'en aller, mais n'oublie pas ta promesse...

GONTRAN.

Mais non... mais non...

ROGER.

Alors... quand faut-il que je revienne ?...

GONTRAN.

Eh bien, aujourd'hui, tantôt.

ROGER.

Oh ! tout à l'heure, dis, quand tu auras expédié l'autre. (*Il montre le téléphone.*) Je reviendrai à deux heures?

GONTRAN.

Non. C'est trop tôt.

ROGER.

A trois, alors ?

GONTRAN.

Non, à cinq.

ROGER, désolé.

A cinq !!

GONTRAN.

Eh bien ! à quatre. Que tu es impatient ! Allons, va.

ROGER.

Tu plaideras ma cause ?

GONTRAN.

Mais oui.

ROGER.

Tu lui diras combien je me repens !

GONTRAN.

Mais oui, mais oui !

ROGER.

Tu lui expliqueras bien...

GONTRAN, le poussant encore.

Mais va-t'en donc ! (Roger sort.) Ouff !

ROGER, revenant.

N'oublie pas, surtout...

GONTRAN.

Ah ça ! t'en iras-tu ?

Roger sort.

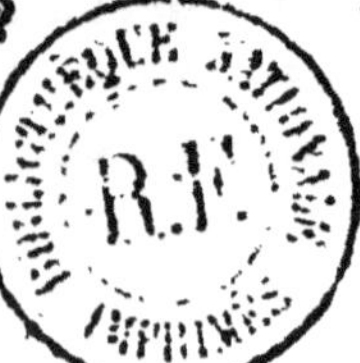

SCÈNE III

GONTRAN, *seul.*

Voilà! Les voilà les ennuis qui commencent. Quelle situation, mon Dieu! quelle situation! Que faire? Non, mais quelle idée a-t-il eue, celui-là, de revenir à Paris?... Lui rendre sa femme? Ah ça! après tout, pourquoi donc lui rendrais-je sa femme? Elle est charmante sa femme, jolie, distinguée, douce, spirituelle!... et puis, elle m'aime, que diable! C'est curieux! tout à l'heure, j'étais un peu las de cet amour... Je me plaignais de n'être pas libre; j'enviais presque les amours faciles des autres.... et maintenant! maintenant qu'un autre vient me redemander Blanche, maintenant que je pense qu'elle pourra en aimer un autre... — et quel autre? son mari! — je me sens revenir au cœur un amour fougueux, jaloux... et je le rendrais à cet imbécile qui n'a pas su l'apprécier! à ce mari ridicule, coureur, maladroit... et qui, après tout, est un ami comme tant d'autres! Oh! mais non! non! Halte-là! Je ne lui dirai rien du tout, à Blanche, rien! Je vais tout de suite lui écrire de ne pas venir; quand Roger reviendra, je lui dirai que sa femme ne veut plus de lui... Du reste, elle n'en voudrait plus, c'est sûr; même si je lui disais. Elle le hait, son mari. (*Il s'assied à sa table et va pour écrire.*) * Quel curieux problème! J'ai trompé quelques maris, sans m'offenser des baisers... légitimes que madame, entre temps, pouvait donner à son époux... Ici, en somme, c'est un mari qui ne demande qu'à reprendre sa place... Mais, de ce qu'il l'a quittée, il me semble que, maintenant, c'est moi qu'il

* La partie entre astérisques a été supprimée à la représentation.

viendrait tromper*. Voyons. (Il écrit et déchire ses lettres à mesure.) C'est que je ne sais pas du tout comment lui tourner cela. Elle doit être très inquiète. Tiens, si je téléphonais... oui, c'est une inspiration... ce sera très commode. (Il va à l'appareil et sonne. — Au téléphone.) Allô! allô! oui, mademoiselle! Donnez-moi la communication avec madame de Frémicourt, Boulevard Malesherbes... Allô! allô! (A part.) Ils y mettent du temps! (Au téléphone.) Allô! allô! Hein? je n'entends pas! Allô! allô! Mais Oui, mademoiselle, j'attends. (Très impatient.) Comment? on ne vous répond pas? Mais non, on ne doit pas être sorti encore; vous devez recevoir une réponse... c'est votre appareil qui est cassé. (Très nerveux.) Je vous en prie, appelez encore... Comment, « c'est insupportable! » Mais c'est votre métier, que diable! C'est incroyable, une administration pareille! Je vous dis que madame de Frémicourt est chez elle.... Comment, ce que j'en sais? C'est trop fort!

En ce moment, Blanche entre. Elle est couverte d'un mantelet très élégant. — Chapeau dernière mode.

SCÈNE IV

GONTRAN, BLANCHE.

GONTRAN, toujours au téléphone, sans voir Blanche.

Vous verrez bientôt, mademoiselle, que c'est vous qui me ferez une scène...; je n'admets pas du tout le ton avec lequel vous me parlez...

BLANCHE, à part.

Une femme! il parle à une femme!

GONTRAN, au téléphone, sans voir Blanche.

Du reste, je vais me plaindre à l'administration...

BLANCHE, à part.

Ah! non! c'est la demoiselle du téléphone... (Elle s'approche de Gontran et lui frappe sur l'épaule.) Gontran!...

GONTRAN, se retourne vivement.

Hein? Quoi!... Vous ici!...

BLANCHE.

Comment! cela vous étonne! (Très inquiète.) Que se passe-t-il, dites-moi? Qu'est-ce que vous m'avez raconté? Quel mystère chez vous? Mon mari était ici?...

GONTRAN, à part.

Parbleu! ça ne pouvait pas manquer!! (Haut.) Mais, non, mais non!

BLANCHE *.

Comment, mais non? Vous m'avez téléphoné que mon mari était ici! (Sèchement.) Voyons, Gontran, je vous en supplie, pas de plaisanteries, parce que je ne suis pas en état de les souffrir. Je suis morte de peur.

GONTRAN.

Mais vous êtes folle, ma pauvre amie, vous êtes folle! Morte de peur? pourquoi? Voyons, remettez-vous, calmez-vous...

Il fait asseoir Blanche à droite.

BLANCHE **.

Non! non! Qu'est-ce que c'est que toute cette histoire? Voyons, répondez-moi... Ou c'était une femme qui était avec vous, ou c'était mon mari... or, mon mari est à cent lieues, donc c'est une femme...

* Blanche, Gontran.

** Gontran, Blanche.

GONTRAN.

Mais, c'est ridicule ! Vous voilà toute tremblante ! J'avais ici un ami, un gêneur ; je risquais de vous répondre bien des choses qu'il ne devait pas entendre...

BLANCHE.

Mais, pourquoi me dire que mon mari était là ?

GONTRAN.

Pour vous forcer à ne plus parler, vous effrayer un peu, vous ne vouliez pas vous taire...

BLANCHE, sérieuse, se levant.

Gontran !... une femme était chez vous !

GONTRAN.

Blanche ! ma Blanchette ! je vous assure...* Voyons, soyez calme, réfléchissez. Une femme ici ! une femme, moi ! quand j'ai ce bonheur suprême d'être aimé de vous !

BLANCHE.

Oh ! vous, les hommes, cela ne vous embarrasse guère !

GONTRAN.

Moi, aimer une autre femme !...

Il lui prend la main, s'approche et veut l'embrasser dans le cou.

BLANCHE.

Non... Assez !

GONTRAN, insistant.

Je vous aime tant !

BLANCHE.

Je ne suis pas venue ici pour cela *. Qui était-ce cet ami ?

* La partie entre astérisques a été supprimée à la représentation.

GONTRAN.

C'était, c'était... vous ne le connaissez pas.

BLANCHE.

Mais je connais tous vos amis... au moins de nom.

GONTRAN, *embarrassé*.

Pas celui-là... ce n'est pas un ami, précisément... c'est une connaissance de cercle.

BLANCHE, *avec impétuosité*.

Gontran! Vous mentez! vous me cachez quelque chose. Au nom du ciel, dites-moi la vérité... vous êtes troublé... mon mari est revenu!

GONTRAN, *troublé*.

Mais... non...

BLANCHE, *désespérée* *.

Mon mari est revenu! il sait tout! Ah! je suis perdue!

GONTRAN.

Blanche! Blanche! je vous en prie...

BLANCHE.

C'est affreux!

GONTRAN.

Mais, je vous assure...

BLANCHE.

Ah! ne m'assurez rien!... croyez-vous que je ne devine pas, que je ne comprenne pas, maintenant?

GONTRAN, *sérieux*.

Voyons, ma pauvre enfant, c'est fou! Écoutez-moi... oui, c'est vrai, Roger était ici tout à l'heure, mais il ne sait rien, rien,... au contraire!

* Blanche, Gontran.

BLANCHE.

Comment, au contraire ?

GONTRAN, la faisant asseoir et s'asseyant près d'elle.

Je vais vous expliquer cela et tout vous raconter... mais à la condition que vous serez calme, que vous m'écouterez tranquillement.

BLANCHE.

C'est vrai, dites, c'est vrai ! il ne sait rien ?

GONTRAN.

Rien, rien du tout !... Ah ! il en est à cent lieues, le pauvre Roger !

BLANCHE, les nerfs détendus.

Vrai ? vrai ? (Elle lui saute au cou et l'embrasse.) Ah ! tiens, toi, je t'adore ! — Mais dites-moi, vite, vite ce qu'il y a. Comment est-il ici ? Pourquoi revient-il ? (Avec intérêt.) Serait-il malade ?

GONTRAN.

Mais non ! il ne s'est jamais mieux porté.

BLANCHE, elle retire son manteau et son chapeau.

Alors, quoi ? vite ! vite ! Tenez, Gontran, vous êtes gentil, ce matin ! vous m'intriguez, vous savez ? Roger ici ! Mais qu'y vient-il faire, mon Dieu ! c'est incroyable ! voilà qui est drôle !

GONTRAN.

Pas si drôle que cela...

BLANCHE.

Mais si, mais si c'est drôle puisqu'il ne sait rien !... Voyons, monsieur, expliquez-moi, je vous attends. Pourquoi Roger est-il revenu ?

Ils s'asseyent sur le canapé à gauche.

GONTRAN, *hésitant un peu.*

Il est revenu... mais... tout simplement parce qu'il s'ennuyait... parce que...

BLANCHE.

Parce qu'il s'ennuyait, rien que pour cela ?

GONTRAN.

Rien que pour cela. Que voulez-vous ? Paris, vous le savez, quand on y a vécu, on ne peut plus s'en passer. Oui, Roger a couru le monde. Après vous avoir abandonnée comme il a fait, il a voulu s'étourdir, se griser un peu. Il vous aimait bien, au fond... maladroitement, c'est vrai... alors, il s'est distrait, il a voyagé...

BLANCHE.

Il doit avoir l'air bien fatigué !

GONTRAN.

Non.

BLANCHE.

Il n'est pas changé ?

GONTRAN.

Non... un peu maigri !

BLANCHE.

Cela doit lui aller mieux... Il a toujours sa barbe ?

GONTRAN.

Mais oui.

BLANCHE.

A-t-il toujours l'air aussi distingué ? Il était charmant, cet homme; je m'y étais bien laissé prendre ! Du reste, tous ces hommes de mauvaise conduite sont séduisants... au fond, ils n'ont rien dans le cœur ; mon mari l'a prouvé.

GONTRAN.

Roger est toujours le parfait homme du monde que vous avez connu.

BLANCHE.

N'importe... les traces de sa conduite doivent se voir sur sa figure... la débauche, cela se lit dans les yeux. N'est-ce pas qu'il doit avoir l'air d'un débauché?

GONTRAN.

Mais non... (*A part.*) Qu'est-ce que cela peut lui faire?

BLANCHE.

Enfin qu'est-il venu faire ici? Il court sans doute après une femme! Oh! vous savez, Gontran, moi, cela m'est fort égal... mais enfin...

GONTRAN, *à part.*

Cela lui est égal... cela lui est égal!!

BLANCHE, *nerveuse.*

N'est-ce pas, dites, c'est cela; il est venu jusqu'ici pour suivre une femme?

GONTRAN.

Mais non...

BLANCHE.

Non... parbleu, vous ne voulez pas me le dire, mais lui, il a dû tout vous raconter, avec ce cynisme...

GONTRAN.

Mais non, encore une fois, il n'est à la suite d'aucune femme.

BLANCHE, *vivement.*

Pas de femme? pas de femme du tout?

GONTRAN, *à part.*

Tiens! tiens! (*Haut.*) Mon Dieu! pas de femme du

tout, ce serait trop dire... mais enfin ce n'est pas une femme comme vous croyez.

BLANCHE, se lève, très surexcitée.

L'infâme! Mais ces hommes sont d'affreux êtres, en vérité! Il revient à Paris, là où je suis, moi, sa femme, qu'il a lâchement abandonnée, pour courir après quelque fille... Tenez, Gontran, je suis heureuse, heureuse de vous aimer, de le tromper, de me venger... je serais trop bête vraiment!...

GONTRAN, à part.

Fichtre! mais cela me parait être du dépit. L'aimerait-elle toujours, et aurais-je été assez sot pour ne pas l'avoir vu?

BLANCHE.

Et qui est-ce cette femme? La connait-on? Une actrice, sans doute; quelque Américaine qui vient faire consacrer à Paris sa gloire... galante?

GONTRAN.

Non, ce n'est pas une Américaine...

BLANCHE.

Vous ne la connaissez pas?

GONTRAN, souriant.

Si, je la connais, un peu...

BLANCHE.

Est-elle jolie?

GONTRAN.

Pas mal.

BLANCHE, vivement.

Qui est-ce?...

GONTRAN.

Je ne puis pas vous le dire.

BLANCHE.

A moi ?

GONTRAN.

A vous, surtout.

BLANCHE *.

Parce que c'est mon mari. (Froidement.) Je ne vous remercie pas, Gontran, de faire ainsi cause commune avec lui, contre moi.

GONTRAN.

Mais qu'est-ce que cela vous fait, au fond ? (A part.) Nous allons bien voir. (Haut.) Vous n'aimez pas Roger, n'est-ce pas, vous n'êtes pas jalouse ?

BLANCHE, redevenant enjouée.

Ah ! grand Dieu ! moi, jalouse ! Par exemple ! il peut bien faire tout ce qu'il voudra... pourvu que je ne le revoie jamais...

Elle s'assied à droite près de la table.

GONTRAN.

Vrai ? vrai ?

BLANCHE.

En doutez-vous ?...

GONTRAN, s'approchant de Blanche.

Non, non, je n'en doute pas, et voici la preuve que je n'en doute pas : je vais vous dire toute la vérité.

Il s'assied en face de Blanche, de l'autre côté de la table.

BLANCHE.

Ah !

* Gontran, Blanche.

GONTRAN.

Roger n'est revenu ici que pour vous... il vous aime...

BLANCHE.

Il l'a dit?

GONTRAN.

Mais il n'a dit que cela ; il vous adore. — Seulement il n'avait pas compris... Ce n'est que trop tard qu'il s'est aperçu qu'il était passé à côté du bonheur; je crois qu'il ne vous a jamais tant aimée que depuis son départ... Votre souvenir l'obsédait jour et nuit.

BLANCHE.

J'eusse préféré le jour, seulement.

GONTRAN.

Diable! c'est un mot de jalouse...

BLANCHE.

Alors?...

GONTRAN.

Alors, il a été pris d'un désir fou de revenir.

BLANCHE.

Et de me revoir?

GONTRAN.

De vous revoir, bien entendu.

BLANCHE, *très intéressée.*

Comment s'y prendrait-il, à son idée?

GONTRAN.

Ah! cela, je n'en sais rien... Voyons, Blanchette, dois-je tout vous dire?

BLANCHE.

Comment ! Mais je l'espère bien.

GONTRAN, lui prend la main. — A part.

Allons... je risque tout... (Haut.) Eh bien! voilà : Après m'avoir raconté ses remords, son amour, il a enfin fait appel à ma longue amitié pour lui...

BLANCHE.

Il vous a chargé de nous raccommoder, hein? (Gontran fait signe que oui.) Très drôle! Qu'avez-vous répondu?

GONTRAN.

J'ai répondu que c'était impossible; que, chargé par lui de veiller sur vous...

BLANCHE, riant.

Ce que vous avez fait en conscience, n'est-il pas vrai, Gontran?

GONTRAN.

Vous êtes si charmante!... Que chargé par lui de guider votre jeunesse, j'avais dû vous prêcher des principes rigides; enfin, que je serais mal venu, maintenant, à tenter de vous faire son éloge et de plaider sa cause.

BLANCHE.

Qu'a-t-il dit?

GONTRAN.

Ah! il a gémi!

BLANCHE.

Il a gémi? Etait-il sincère?

GONTRAN.

Très franchement, je crois que oui. Il m'attendrissait! C'est qu'il ne voulait pas me lâcher sans que je lui eusse promis de vous parler.

BLANCHE.

Ah ! Vous avez promis ?

GONTRAN.

Oh ! pour la forme, d'abord, sans lui donner le moindre espoir, au contraire... puis, enfin, poussé à bout, très ennuyé parce que vous étiez justement en train de me faire, par téléphone, une scène de jalousie...

BLANCHE.

Ce devait être amusant ?

GONTRAN.

Pas trop !... C'est lui qui m'a donné cette idée de vous dire que votre mari était là... S'il s'était douté !...

BLANCHE.

Pauvre Roger !

GONTRAN, *bougonnant.*

Pauvre Roger ! Pauvre Roger !

BLANCHE, *très intéressée.*

Enfin ?

GONTRAN.

Enfin, je lui ai même promis de tout tenter pour vous convaincre... résolu, du reste, à n'en rien faire du tout.

BLANCHE.

Pourquoi ?

GONTRAN, *surpris.*

Pourquoi ? (*Se reprenant.*) C'est vrai, après tout ?

BLANCHE.

Savez-vous que ce serait très piquant !

GONTRAN.

D'essayer ou de réussir?

BLANCHE.

D'essayer seulement, grand fou!... Alors, il doit venir chercher sa réponse, quand?

GONTRAN.

Mais tout à l'heure... il est d'une impatience!...

BLANCHE.

Vous allez lui dire que je ne veux plus de lui?

GONTRAN.

Parbleu!

BLANCHE, un peu inquiète.

Tout d'un coup, comme cela, sans ménagements?

GONTRAN.

Dame!... enfin, si,... peut-être avec quelques ménagements...

BLANCHE.

Oh oui! dites...

GONTRAN, à part, quittant la main de Blanche.

Décidément! (Haut, d'un air froissé). Au reste, je ne lui dirai rien que ce que vous me chargerez de dire; c'est vous-même, Blanche, qui devez me dicter la réponse.

BLANCHE, se levant.

Oh! avec quel ton vous me parlez! Vous la connaissez ma réponse... au fond.

GONTRAN.

Non pas!... Vous ne m'avez rien dit de précis...

BLANCHE. *

Vous devez bien le deviner.

* Blanche, Gontran.

GONTRAN.

Oh! deviner une femme! (A part.) J'en aurai le cœur net. (Haut.) Voyons, votre mari m'a constitué son avocat, j'ai accepté, laissez-moi plaider sa cause...

Il se lève.

BLANCHE.

Vous la perdrez... ainsi!...

GONTRAN.

Qui sait?

BLANCHE.

Comment, qui sait?

GONTRAN.

Ecoutez-moi toujours...

BLANCHE.

Non... c'est moi qui ne veux plus, maintenant...

Elle va s'asseoir sur le canapé, à gauche.

GONTRAN.

Voyons, soyons francs. Votre mari, quelque coupable qu'il ait été, revient vers vous, repentant et amoureux...

BLANCHE.

Très amoureux?

GONTRAN.

Il en a l'air. Depuis que je vous ai annoncé son retour, vous me paraissez songeuse... et vous songez à lui. Oh! ne le niez pas... Ce n'est pas un regain d'amour... certes non! mais c'est déjà un peu de curiosité...

BLANCHE, très franchement.

C'est vrai que je voudrais le revoir... (Se reprenant.) Oh! le revoir seulement...

GONTRAN, s'approchant du canapé.

Oui, oui, le revoir... Et cependant... Si, maintenant que vous voyez son repentir et que, par ma bouche, vous entendez ses supplications, ce n'était plus seulement de la curiosité qui vous fit souhaiter cette rencontre... Si... oserai-je le dire?... si une idée bizarre, un peu perverse vous était venue de savoir si l'amour peut mourir tout à fait?...

BLANCHE, très sérieuse.

Vous m'effrayez, Gaston...

GONTRAN.

Si cela était, pourtant!... Voyez-vous, Blanche, je réfléchis et, vraiment, je me demande s'il siérait à moi, de me montrer jaloux... Et pourquoi? parce que vous m'avez aimé?... parce que, un jour, abandonnée, triste, découragée, jeune, et le cœur tout plein de si douces choses que vous n'aviez pas eu le temps de dire, je me suis trouvé là pour profiter de votre ennui, de votre solitude, de votre dépit, peut-être... de votre caprice...

BLANCHE *.

Oh! taisez-vous! Vous allez me soutenir la théorie du monsieur qui parle de « *fantaisie* » et d'« *épiderme.* » Fi!!

GONTRAN.

Fi! fi! quand il s'agit d'un épiderme comme le vôtre, un vrai satin, ce n'est déjà pas tant à dédaigner... et quant à la *fantaisie*, *... regardez-moi, là, bien en

* La partie entre les astérisques a été supprimée à la représentation.

face, et dites-moi s'il n'y a pas eu un peu de cette *fantaisie*-là dans votre amour pour moi... et s'il n'y a pas un peu de cette *fantaisie*-là, aujourd'hui, tout au fond de votre cœur, pour votre mari revenu?

BLANCHE, *se levant.*

Gontran! vous mettez une conviction dans ce que vous dites...

GONTRAN, *très sérieux, se levant.*

Mon enfant, ouvrez les yeux. Roger vous aime, vous le savez, maintenant. Osez donc me dire que vous êtes sûre vous-même de ne plus pouvoir l'aimer?

BLANCHE, *depuis quelque temps très nerveuse; elle hésite un moment, passe la main sur son front et dit :*

Eh!... le sais-je?... (*Souriant.*) Mais, dites-moi, votre plaidoirie est terminée, monsieur Gontran, si je ne me trompe?

GONTRAN. **

Je crois en effet qu'elle est finie... sauf...

BLANCHE.

Sauf?...

GONTRAN.

La conclusion.

BLANCHE.

Elle n'est pas commode à trouver.

GONTRAN.

Mais elle s'impose... au contraire... (*A part.*) Et je

* La partie entre astérisques, a été supprimée à la représentation.

** Gontran, Blanche.

l'avais bien pressentie! (On entend la sonnerie du téléphone.) Ah ca! qu'est-ce encore? (Au téléphone.) Qu'est-ce qu'il y a? (A Blanche.)... Communication avec la cabine de la rue Lafayette...

BLANCHE.

C'est peut-être mon mari?

GONTRAN.

Bah! pourquoi faire? (Au téléphone.) Allô! Allô! oui, c'est moi... Qui me parle? (A Blanche.) C'est bien lui!

BLANCHE.

Il est joliment pressé!

GONTRAN, au téléphone.

Ah ca! mon cher, d'où donc me téléphones-tu?... Ah! d'une cabine publique, rue Lafayette. Quelle idée!... Que me veux-tu? Hein?... ah! non, pas encore; j'ai eu une visite, je n'ai pas pu sortir. (A Blanche.) Il me demande si je vous ai vue.

BLANCHE.

Il est inquiet, le pauvre garçon!

GONTRAN, au téléphone.

Mais oui, je t'ai promis que j'irais voir ta femme; j'irai, mais je n'ai pas eu encore le temps. (A Blanche.) Faut-il lui dire que c'est fait?

BLANCHE.

Non! non! pas encore... (Après une petite pause, et souriant.) Il faut le faire un peu languir, au moins.

GONTRAN, à part.

Ah! ah! Il parait que nous y venons, peu à peu. (Au téléphone.) Je te promets qu'aussitôt que je serai libre... Oui, j'ai quelqu'un chez moi... oui, une dame...

Comment, veinard?... mais pas du tout, tu te trompes...

BLANCHE, s'approchant.

Qu'est-ce qu'il dit? Oh! je voudrais entendre. Laissez-moi, Gontran...

GONTRAN, à Blanche, la repoussant doucement.

Qu'est-ce que vous voulez faire? asseyez-vous, asseyez-vous. (Au téléphone.) Où est ta femme? mais je n'en sais rien, moi; chez elle, sans doute... Non, elle n'est pas venue chez moi...

BLANCHE.

Il vous demande si je suis ici?

GONTRAN, à Blanche.

Oui... (Au téléphone.) Mon cher Roger, il y a ici une femme; mais ce n'est pas la tienne; c'est une dame de mes amies; tu me permettras bien de ne pas te la nommer...

BLANCHE.

Laissez-moi écouter, Gontran.

GONTRAN, au téléphone.

Comment! tu as le pressentiment que c'est ta femme? Tu deviens ridicule, mon cher...

BLANCHE.

Laissez-moi lui parler; je dissimulerai ma voix; ce sera si drôle!...

GONTRAN, à Blanche.

Il va vous reconnaître tout de suite.

BLANCHE, très gaie.

Mais non, mais non! en changeant ma voix. Je voudrais tant l'entendre!... et puis, vous allez voir, ce sera si amusant?... il ne saura pas qui c'est... vite! vite!

GONTRAN.

Grand Dieu ! que vous êtes enfant ! Tenez. (Il lui donne l'appareil.) Ah ! les femmes !

BLANCHE.

Ah ! je suis contente ! (Au téléphone, dissimulant sa voix.) Allô ! allô ! Monsieur, prenez garde à ce que vous allez dire, ce n'est plus M. Gontran qui vous parle... Qui c'est ? Mais une dame de ses amies, sans doute... Son nom?... mais vous êtes très indiscret. (A Gontran, voix naturelle.) C'est bien lui ; je reconnais sa voix ; ça me fait un effet tout drôle ; mon cœur bat, vous savez. (Au téléphone, autre voix.) Non, monsieur, vous ne me connaissez pas... Oh ! pas du tout !... Quoi ? Si je suis la dame suédoise ?

GONTRAN.

Mais... il est fou !

BLANCHE, à Gontran, voix naturelle et raccrochant l'appareil.

Il me demande si je suis la dame suédoise... Qu'est-ce que c'est que ça ?

GONTRAN.

Eh bien, oui, c'est l'histoire que je lui ai racontée..

BLANCHE, à Gontran.

Quelle histoire ? Je suis sûre que vous avez éprouvé le besoin de lui raconter des choses compromettantes...

GONTRAN.

Je n'aurais compromis qu'une Suédoise, en tout cas.

BLANCHE.

Mais pour quoi faire !... Dieu ! que vous êtes bavards, tous !

On sonne énergiquement au téléphone

BLANCHE.

Vous voyez, il s'impatiente, qu'est-ce que je vais lui dire, maintenant ?

GONTRAN.

Dites-lui « oui » ; que vous êtes la Suédoise, ce sera très amusant...

BLANCHE.

Tiens ! il me prendra pour une femme légère ! Il va se croire tout permis avec moi, et me dira des horreurs...

On resonne au téléphone.

GONTRAN.

Mais non, mais non. Allez donc !

BLANCHE.

Enfin ! ! (*Au téléphone, dissimulant sa voix.*) Allô ! allô ! Oui, monsieur, je suis Suédoise... Hein !... Comment ! vous savez quels liens m'unissent à Gontran ! Il vous a dit ?... (*Scandalisée.*) Oh ! en voilà des détails !... (*A Gontran, voix naturelle.*) Vous voyez qu'il me dit des inconvenances...

GONTRAN.

Eh non ! puisqu'il croit parler à une Suédoise.

BLANCHE, *au téléphone.*

Eh bien, monsieur, quand cela serait ?.. Quoi ?... Que je prie Gontran d'user de son influence sur votre femme pour la ramener à vous ? (*A Gontran, voix naturelle.*) Dites donc... c'est original, ça !

GONTRAN.

Oui, c'est original.

BLANCHE, *au téléphone.*

Je veux bien, moi, mais c'est si mal, monsieur, ce que vous avez fait !. Oui, je suis au courant.. Non, non, vous ne l'aimiez pas. Si ?... mais alors, pourquoi ? (*A Gontran, tout en écoutant.*) Oh ! comme il se repent !... Il me dit qu'il l'adorait... qu'il a été fou !... que si elle pouvait l'entendre, il la convaincrait bien.... Oh! c'est gentil ce qu'il vient de dire!... (Au téléphone.) Ce que je ferais à sa place?... Oh! moi, d'abord, je me serais vengée...

GONTRAN, ennuyé.

Mon amie! mon amie!

BLANCHE, au téléphone.

Et puis... après... Eh bien, je me serais montrée impitoyable... oui, parfaitement! (A Gontran.) Oh! il pousse de gros soupirs! Dites donc, il doit être très drôle, là-bas, à soupirer tout seul devant le téléphone... (Au téléphone, dissimulant sa voix.) Voyons, voyons, ne vous désolez pas... je ne suis pas votre femme, moi, elle sera peut-être moins cruelle... Si vous étiez gentil, gentil... que votre repentir fût bien sincère... Mais oui, espérez... il ne faut jamais désespérer. Voyons, qu'est-ce que vous lui diriez, si elle était là?... Comment! vous voulez aller chez elle pour lui demander pardon? (S'oubliant, et de sa voix naturelle.) Ah! non! ça, Roger, je vous le défends; je ne veux pas!... (Plus doucement.) Non! non! dites... Roger! (A Gontran, après avoir raccroché l'appareil.) Il m'a reconnue! Il dit qu'il va m'attendre... qu'il court chez moi!...

GONTRAN.

Eh bien... tant mieux, n'est-ce pas?... Vous voyez bien qu'elle s'imposait, la conclusion...

BLANCHE.

Vous devinez tout, vous.

GONTRAN.

Eh bien?...

BLANCHE.

Quoi?

GONTRAN.

Pusqu'il vous attend...

BLANCHE, remettant son chapeau *.

Venez avec moi, dites...

GONTRAN.

Ah ! non, par exemple !

BLANCHE, prenant son manteau qu'elle garde sur son bras **.

Seule, j'aurai l'air tout bête.

GONTRAN.

Allons donc ! Voilà un quart d'heure que vous passez à vous réconcilier...

BLANCHE.

Oh ! pas encore...

GONTRAN.

Enfin... Voyons, sauvez-vous vite.

BLANCHE, tendant les mains à Gontran, très émue.

Ah ! mon ami !... mon cher ami !... (Après une minute de réflexion.) Alors... j'y vais... Vous croyez ?...

GONTRAN.

Vous n'êtes pas encore partie !

BLANCHE.

Si vous saviez comme il était touchant, là... (Elle montre le téléphone.) Il me disait que sa femme était bonne, qu'il l'adorait, et qu'elle était si jolie !... que c'était un ange véritable... et il disait tout cela avec une pointe douloureuse d'appréhension, une crainte vague... J'étais toute remuée. Et puis, quand il m'a reconnue, il a eu un grand cri de joie folle !...

* Blanche, Gontran.
** Gontran, Blanche.

GONTRAN *.

Blanche, si vous ne partez pas, sûrement c'est lui qui va venir.

BLANCHE.

Oui... je pars. (Avec explosion.) Ah! Gontran, vous avez été si gentil, si bon avec moi!... Enfin, c'est vrai, pourtant... sans vous, j'aurais peut-être fait des bêtises... Tenez, laissez-moi vous embrasser, voulez-vous?...

GONTRAN.

Si je veux!

Il tend les bras, Blanche l'embrasse bien fort sur les deux joues.

BLANCHE.

Dites donc, Gontran, sera-t-il gentil, maintenant?

GONTRAN, aidant Blanche à mettre son manteau.

Je t'en réponds... la leçon lui aura servi.

BLANCHE.

Si vous saviez, comme j'ai foi en vous!... Je fais tout ce que vous voulez, vous voyez?

GONTRAN, riant.

Mais, partez donc!

BLANCHE.

Oui, je me sauve! (Elle prend sur la table son en-cas, puis un porte-cartes et cherche fébrilement.) Voyons... Je n'oublie rien?...

GONTRAN, souriant.

Mais non! mais non!

BLANCHE.

Je perds un peu la tête, vous savez... allons... je m'en vais...

* Blanche, Gontran.

GONTRAN.

Dites-moi, Blanche, vous me tiendrez au courant?...

BLANCHE.

Oh ! mais oui ! je vous raconterai tout, à vous, mon grand ami !

GONTRAN.

Allons ! Soyez heureuse... au revoir...

BLANCHE, sortant.

Au revoir... oui... à demain.

SCÈNE V

GONTRAN, seul.

Et dire qu'à vingt ans, je me serais traité d'imbécile !

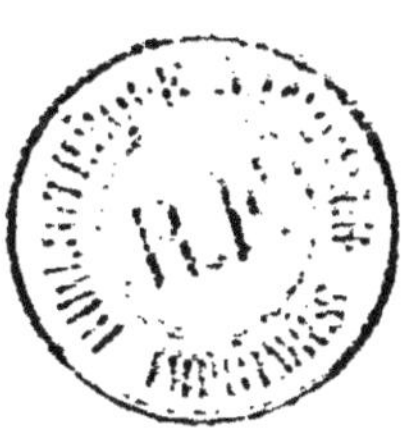

Rideau.

IMPRIMERIE GÉNÉRALE DE CHATILLON-SUR-SEINE. — A. PICHAT.

www.ingramcontent.com/pod-product-compliance
Lightning Source LLC
LaVergne TN
LVHW010107230826
846091LV00005B/2127
9782012733381